AF144834

Leni Maren Bühler

Alles für Immer

Alles für immer

Liz

Und er machte es nochmal, er fasste mich an, mit seinen dicken und dreckigen Händen. Ich schrie und versuchte ihn zu schlagen und zu treten, doch er war zu stark. Ich fing an zu weinen und flehte ihn an aufzuhören, doch er machte weiter. Er fuhr mit seinen Händen an meinem nackten Körper entlang, dann griff er mich mit einer Hand grob in mein Haar und mit der anderen zog er seine Hose aus. Und in dem Moment hörte ich auf, dagegen zu kämpfen, und ließ es zu. Ich schaute in den Nachthimmel und sah eine Sternschnuppe und hatte nur einen Wunsch, dass es aufhörte.

Ich schreckte schweißgebadet aus dem Schlaf auf und merkte, dass ich am ganzen Körper zitterte. Mein Herz raste und ich brauchte ein paar Sekunden, um mich zu beruhigen. Ich atmete tief ein und aus und beruhigte mich langsam wieder. Ich schaute mich um und musste mich erst an die Dunkelheit gewöhnen, da es mitten in der Nacht war. Neben mir lag meine kleine Schwester zusammengerollt wie eine Kugel und mit einer Wolldecke über ihren kleinen Körper. An ihrem langsamen Atem erkannte ich, dass sie schlief. Leise und vorsichtig stand ich auf, mit einer Decke über den Schultern lief ich an das eingeschlagene Fenster und schaute auf die, mit Müll befüllte Straße. Ich sah, als ich mich weiter aus dem Fenster lehnte, eine obdachlose Frau am Ende der Straße und war in dem Moment dankbar, dass ich uns für ein paar Nächte ein altes verlassenes

Lagerhaus gefunden hatte. Ich seufzte tief und ging wieder zu meiner kleinen Schwester und streichelte ihren Kopf. Ich war froh, dass sie so tapfer und schlau war, das machte alles einfacher für mich.

Nach ein paar Minuten ging ich durch das Lagerhaus zur Tür, schob so leise es ging den alten Schrank von der Tür weg, den ich am Abend zuvor vor diese gestellt hatte, damit niemand hereinkommen konnte. Als ich es geschafft hatte, machte ich die Tür auf, die laut quietschte, und trat nach draußen. Warme Sommerluft umhüllte mich, und ich war froh, dass wir endlich Sommer hatten. Leise, sodass ich keine Aufmerksamkeit erregte, lief ich zu einem großen Müllberg und durchwühlte ihn. Ich hatte gelernt, dass es besser ist, früher als die anderen wach zu sein, um nach Essen zu suchen. Nach kurzem Suchen fand ich in einer Verpackung Ramen mit einer Soße. Ich roch lieber nicht daran und fragte mich auch nicht, wie alt es war, sondern ich war dankbar, dass ich etwas gefunden hatte und ging wieder zurück ins Lagerhaus. Ich musste nichts zum Trinken suchen, da wir von einer alten Frau, die Mitleid mit uns hatte, ein paar Wasserflaschen bekommen hatten. Ich bettelte zwar nicht, so wie andere Obdachlose es den ganzen Tag taten, sondern ich suchte oder stahl mir das Essen und wusste, das war auch nicht besser, aber ich hatte wenigstens etwas gemacht und saß nicht den ganzen Tag auf der Straße. Mittags brachte ich meiner kleinen Schwester Englisch oder Mathematik bei. Ich wollte, dass es ihr später möglich war, ein normales Leben zu leben. An Regentagen stellten wir Eimer draußen auf und wuschen uns später damit. Ich wusste, dass es für meine kleine Schwester ekelhaft war, sich so selten zu waschen. Ich hatte mich schon längst damit abgefunden und machte mir nichts mehr um mein Aussehen. Ich war viel zu dünn, hatte weder Brüste noch einen Po, mein Gesicht und meine Hände waren immer dreckig, mein langes schwarzes Haar auch, meine olivgrünen Augen sahen leer aus, und meine Lippen waren aufgeplatzt. Meine Schwester sah aus wie ich, nur in schön. Ihre Augen waren voller Leben, ihre Haare glänzten und ihre Lippen waren rund und voll.

Ryan

Ich wusste in dem Moment, dass ich in Schwierigkeiten steckte, als der Direktor mit vor Wut verzehrtem Gesicht auf uns zu rannte und schrie: „Das ist jetzt schon das achte Mal in diesem Monat, dass ihr schwänzt! Das wird jetzt ernsthafte Konsequenzen haben! Ihr seid so unreif und respektlos..." Er redete weiter, doch ich hörte ihm nicht mehr zu. Ich spuckte meinen Kaugummi aus, überlegte kurz, es vor seine Füße zu spucken, aber das schien mir nicht lustig genug zu sein, also ließ ich es. Dann nahm ich ganz gelassen die Vape heraus, die mir einer meiner Freunde gegeben hatte, und dampfte dem Direktor ins Gesicht. Daraufhin rastete er völlig aus und brüllte: „Ich rufe deine Mutter an, Ryan! Ihr wird das sicher nicht gefallen, dass du schwänzt!" In mir regte sich etwas, ich konnte das Gefühl nicht genau zuordnen, aber es war etwas Ähnliches wie Selbsthass und Enttäuschung. Äußerlich zeigte ich keine Reaktion außer, dass ich abwesend nickte. Der Direktor schüttelte den Kopf und ging dann in sein Büro. Ich schmiss meine Vape auf den Boden, sprang von der Mauer, auf der wir meistens saßen, wenn wir schwänzten, und lief in die Schule zu den Toiletten. Einer meiner Freunde schrie mir hinterher: „Ey, Bro, hast du Angst, dass dir deine Mommy Ärger macht?" Meine anderen Freunde lachten, aber ich ignorierte sie. Denn sie hatten in gewisser Weise recht, ich wollte nicht, dass meine Mutter mich so sah. Meine Mutter war eine sehr erfolgreiche Geschäftsfrau und hatte oft nicht viel Zeit für mich, trotzdem war sie die beste Mutter, die ich mir hätte wünschen können. Sie war, wenn ich sie wirklich brauchte, immer für mich da, und sie war immer ehrlich zu mir. Wir hatten ein gutes Verhältnis. Ich wollte es nicht zerstören, indem sie mich so sah. Denn ich wusste, wenn sie eines nicht mochte, dann war es, sie anzulügen. Sie wusste, dass ich keine guten Noten hatte, damit hatte sie aber kein so großes Problem, denn sie dachte, dass ich fleißig lernen würde, um mich zu verbessern. Stattdessen schwänzte ich so oft, ich wollte den Unterricht einfach nicht besuchen. Ich wollte nicht wissen, wie sie ausrasten würde, wenn sie es wüsste. Ich hatte die Toiletten erreicht, lehnte mich ans Waschbecken und betrachtete mich im Spiegel. Ich wusste, welche Wirkung ich auf andere hatte. Ich hatte blaue Augen, kurze blonde Haare und einen durchtrainierten Körper, aber im Moment sah man, dass ich tagelang nicht geschlafen hatte und getrunken. Ich war so in Gedanken versunken, dass ich sie erst hörte, als sie hereinkam. Meine Mutter.

Liz

Die Sonne stand schon hoch am Himmel, als meine kleine Schwester endlich aufwachte. Sie gähnte und rieb sich verschlafen die Augen, und für einen

Moment schien alles so wie früher. Ich war schon immer die Frühaufsteherin, und Linn, meine Schwester, war schon immer ein Morgenmuffel und kam somit ganz nach unserer Mutter. Und ich kam ganz nach meinem Vater, er hatte uns an manchen Tagen Frühstück ans Bett gebracht, dann weckten wir immer glücklich unsere Mutter, die es meistens nicht so toll fand, dass wir im Bett aßen, aber nie etwas sagte, und dann aßen wir zusammen, wie eine glückliche Familie. Ich liebte auch Regentage, denn an denen aßen wir immer Popcorn und schauten einen Horrorfilm. Linn hatte dann meistens Angst, und dann schlief ich bei ihr. Ich schüttelte den Kopf, um die Erinnerungen zu vertreiben, und konzentrierte mich auf das Hier und Jetzt. Ich fragte meine Schwester: „Hast du gut geschlafen?" Ich wusste, dass sie nicht gut geschlafen hatte, aber ich fragte sie trotzdem jeden Tag. Sie antwortete: „Ja, besser als normalerweise." „Gut, dann können wir frühstücken und danach machen wir Mathematik und Englisch", sagte ich. Sie nickte nur und öffnete dann hungrig die Schachtel mit Nudeln. Ich wusste, dass sie Nudeln liebte. „Willst du gar nichts essen?", fragte sie. „Nein, ich habe vorhin schon gegessen", log ich. Sie schaute mich mit einem Blick an, der sagte, dass sie mir nicht glaubte, aber sie sagte nichts und aß weiter.

Nachdem sie alles aufgegessen hatte, fingen wir an mit Mathematik. Sie war gut darin und es machte ihr auch Spaß. Leider konnte ich ihr nur so viel beibringen, wie ich selbst konnte. Ich war zwar immer gut in der Schule gewesen, aber es jemand anderem zu erklären, war schwieriger als gedacht. Zum Glück war meine Schwester schlau und verstand schnell die Sachen. Diese Woche brachte ich ihr Potenzen bei. Nachdem wir ungefähr zwei Stunden gelernt hatten, in denen ich ihr Aufgaben gegeben hatte, die sie lösen musste, machten wir eine Pause. „Komm, gehen wir ein bisschen an die frische Luft", schlug ich vor. Ich versuchte, jeden Tag so zu gestalten, dass es sich anfühlte, als wäre das alles „normal". Linn nickte als Antwort, also schob ich mit aller Mühe das Regal weg, das ich vor die Tür gestellt hatte, und wir gingen nach draußen. Wir liefen den Weg entlang, bei dem wir wussten, dass wir niemandem außer einer Katze begegnen würden. Auf jeden Fall dachte ich das.

Ryan

Ich murmelte noch: „Oh nein", als meine Mutter den Mund aufmachte und mich mit einem scharfen Unterton fragte: „Wieso siehst du so aus, als hättest du die ganze Nacht nicht geschlafen, sondern Alkohol getrunken? Und warum ruft mich dein Direktor an?" Ich wusste, dass sie mir die Lügen, die ich parat hatte, nicht glauben würde, also sagte ich die Wahrheit. Ich seufzte tief, raufte mir die Haare und sagte schuldig: „Raste nicht aus, wenn ich dir das erzähle, aber gestern gab es eine Feier, einer meiner Freunde hatte Geburtstag, und ich wollte auch mit zur Feier. Es gab wirklich keine anderen Getränke außer etwas mit Alkohol, also habe ich ein bisschen getrunken. Und heute hatte ich so starke Kopfschmerzen, dass ich geschwänzt habe. Tut mir leid."

Ich wollte eigentlich die Wahrheit erzählen, aber zumindest stimmte es, dass gestern jemand Geburtstag hatte und dass ich heute Kopfschmerzen hatte. Sie musste nicht erfahren, dass ich diesen

Monat schon ungefähr achtmal geschwänzt habe, auf vier Partys war und immer Alkohol getrunken habe. Meine Mutter schaute mich ungläubig an, und mein Direktor, den ich in diesem Moment hasste, petzte ihr, dass ich diesen Monat schon achtmal geschwänzt hatte und Alkohol mit in die Schule nahm. „Fuck!", murmelte ich, und meine Hände fingen an zu schwitzen, denn ich wusste, dass meine Mutter jetzt richtig wütend war.

Meine Mutter schaute erst überrascht, und dann verengten sich ihre Augen zu Schlitzen, und sie zischte: „Ryan! Du wagst es, mich, deine Mutter, anzulügen? Du hast diesen Monat schon achtmal geschwänzt! Deswegen hast du so schlechte Noten! Und du sagst, dass du mehr lernen wirst, aber in Wirklichkeit gehst du feiern und trinkst so viel, bis du besoffen bist! Ich bin sehr enttäuscht von dir!" Ich sah, wie ihr ein paar Tränen über die Wangen liefen, bevor sie sie wegwischte, und ich hatte Schuldgefühle. Es ist alles so gelaufen, wie es nicht hätte laufen sollen.

„Weißt du was, Ryan? Ich sehe keinen Unterschied mehr zwischen dir und deinem Vater", flüsterte meine Mutter voller Wut. Und das war zu viel für mich, ich hasste meinen Vater! Und wenn ich eines nicht wollte, dann ihm ähnlich sein. Doch sie hatte recht, ich verhielt mich wie mein Vater. Ich spürte so viel Selbsthass, dass ich fast bebte und rannte nach draußen und ließ alles hinter mir. Ich ging an einen Ort, bei dem ich wusste, dass ich niemandem außer einer Katze begegnen würde. Auf jeden Fall dachte ich das.

Liz

Auf dem ganzen Spaziergang, den wir bisher gemacht hatten, war Linn seltsam ruhig gewesen. Sie war sonst eigentlich wie die Sonne, sie strahlte nur so vor Energie und redete die ganze Zeit. Ich war schon immer eher die Stillere. Aber heute schien es andersherum zu sein. Ich versuchte die ganze Zeit, ein Gespräch anzufangen, aber Linn antwortete nur mit kurzen Sätzen. Wir mussten auch die ganze Zeit Pausen machen, bei denen sie schwer atmete, und wir liefen langsamer als sonst.

Ich wusste, dass mit ihr etwas nicht stimmte, aber wenn ich sie fragen würde, würde sie bloß sagen, dass alles in Ordnung sei. Als wir in eine Gasse einbogen, in der wir immer der Katze begegneten, passierte es plötzlich. Linn fiel mit einem lauten Knall auf den Boden. Mein Herz hörte kurz auf zu schlagen, nur um dann doppelt so schnell weiterzuschlagen. Meine Hände wurden schwitzig und fingen an zu zittern. Zitternd beugte ich mich über sie und spürte erleichtert ihren Atem. Ich wusste, dass sie nur ohnmächtig war, aber trotzdem hatte ich Angst. Sie war der einzige Grund, warum ich lebte. Nur sie. Ich überlegte, was ich machen sollte, aber ich hatte so viel Angst, dass ich keinen klaren Gedanken fassen konnte.

Ich wusste, dass ich gerade eine Panikattacke bekam. Ich schrie los. Erst leise, dann immer lauter. Ich konnte sonst nichts anderes tun. Und wie ein Wunder rannte ein Junge, ungefähr in meinem Alter, auf uns zu. Als er sah, dass meine Schwester auf dem Boden lag, beschleunigte er seine Schritte. Als er bei uns angekommen war, schüttelte er meine Schwester an der Schulter und fragte mich: „Was ist passiert?" Ich stammelte: „Ich... Ich weiß es nicht. Sie wurde einfach ohnmächtig. Bitte, helf mir, ich will nicht, dass sie stirbt!" Der Junge sah mich erschrocken an und sagte mit einer sanften Stimme: „So schnell stirbt sie nicht, heute ist einfach ein sehr warmer Tag. Wenn du behilflich sein möchtest, dann ruf den Krankenwagen, dann können sie sie mitnehmen."

Ich bekam nochmals Panik und schüttelte panisch den Kopf: „Kein Krankenwagen!" Zu meiner Überraschung sagte er nichts dazu, sondern kramte eine Flasche und einen Apfel aus seiner Tasche und gab sie meiner Schwester, die stöhnend die Augen öffnete. Ich kniete mich nieder und streichelte ihren Kopf. Sie musterte den Jungen und nahm dankbar das Essen und Trinken entgegen. Ich fragte, wie es ihr geht, und sie sagte gut. Ich atmete erleichtert aus. Ich schaute den fremden Jungen in die Augen und sagte: „Danke."

Ryan

Ich liebte Spaziergänge. Immer wenn ich mit jemandem einen Streit hatte, ging ich spazieren, um den Kopf freizubekommen. Ich ging, seit ich klein war, schon immer denselben Weg. Ich wusste, dass ich niemandem begegnen würde. Ich war ganz alleine und hatte meine Ruhe, um meine Gedanken zu sortieren und zu überlegen, was ich als Nächstes machen sollte, so wie jetzt. Meine Mutter war sauer auf mich und enttäuscht, das wusste ich, aber ich war auch verletzt. Ich hasste es, mit meinem Vater verglichen zu werden. Er war ein rücksichtsloses Monster, aber ich nicht.

Ich holte gerade tief Luft, um meine Gedanken zu sortieren, als ich einen Schrei hörte. Es war nicht ein kurzer Schrei, sondern ein langer, bei dem es einem das Herz zerriss, wenn man nicht helfen würde. Also rannte ich los, der Schrei schien von einer Straße weiter zu kommen. Als ich in die Straße einbog, sah ich ein hübsches Mädchen in meinem Alter und ein jüngeres Mädchen, das der Älteren ähnlich sah, die auf dem Boden lag. Das Mädchen in meinem Alter schrie, auch als es mich sah. Ich beschleunigte meine Schritte und versuchte dabei, die Lage zu analysieren. Ich vermutete, dass es Geschwister waren, und die Jüngere war ohnmächtig. Das passierte oft bei Mädchen in dem Alter, vor allem im Sommer.

Als ich bei ihnen ankam, kniete ich mich hin und rüttelte an ihrem Arm, nur um mich zu vergewissern. Das ältere Mädchen flehte mich an, dass sie nicht wollte, dass ihre Schwester stirbt. Ich sah sie erschrocken an und sagte ihr beruhigend, dass sie nicht sterben wird. Sie sollte aber den Krankenwagen rufen, nur zur Sicherheit, doch sie schüttelte panisch den Kopf und sagte, dass sie keinen Krankenwagen will. Ich wunderte mich, aber stellte keine Fragen. Das jüngere Mädchen regte sich langsam, und ich holte aus meinem Rucksack einen Apfel und eine Trinkflasche heraus und gab es ihr. Diese nahm es schüchtern, aber dankbar an. Das ältere Mädchen fragte das jüngere Mädchen, ob alles in Ordnung sei, diese nickte.

Als sie sich nach ein paar Sekunden Schweigen wieder beruhigt hatten, sah mich das ältere Mädchen an. Ihre Augen waren so tief und klar wie das Meer, und sie sagte mit der sanftesten Stimme, die ich jemals gehört hatte: „Danke." Ich stotterte nur irgendwas, und bevor ich mich versah, schrieb ich ihr meine Nummer auf einen Zettel und gab ihn ihr. „Für Notfälle", sagte ich und ging, mit dem Wissen, sie nicht zum letzten Mal gesehen zu haben.

Liz

Ich war immer noch besorgt darüber, ob es meiner Schwester wirklich gut ging. Sie sagte es zwar andauernd, aber ich konnte ihr nicht glauben. Zwar war sie nicht mehr so blass wie vor ein paar Stunden, aber sie wirkte immer noch etwas aufgelöst. Aber sie war nicht der einzige Gedanke, den ich hatte. Ich musste ständig an den Jungen denken. Es war mir peinlich, dass ich mich so benommen habe, er findet mich wahrscheinlich komisch. Ich schüttelte den Gedanken ab, selbst wenn er mich komisch findet, was interessierte mich das schon? Ich hatte den Zettel mit seiner Nummer trotzdem gut in meiner Jackentasche aufbewahrt. Für Notfälle.

Mittlerweile waren wir wieder in der Lagerhalle und aßen Abendessen, das aus einem Apfel und einem halb angebissenen Burger bestand. Ich dachte lieber nicht daran, wer ihn angebissen hatte, sondern aß ihn nur. „Morgen habe ich ein Bewerbungsgespräch. Kann ich dich solange alleine lassen, oder willst du mit?" Meine Schwester ignorierte die Frage und hob erstaunt die Augenbrauen und fragte: „Ein Bewerbungsgespräch?" Damit hatte ich auch ein bisschen übertrieben. Ich habe vor ein paar Tagen in der Nacht, als ich nicht schlafen konnte, mitbekommen, wie ein chinesischer Imbissladen kein Personal mehr hatte, und ich dachte mir, er würde mich sicher einstellen. Es war ihm sicher egal, ob ich schon 18 war oder nicht, oder ob ich schon Erfahrung hatte oder nicht. Er war froh, wenn er jemanden hatte, und ich war froh, wenn mich jemand schwarz bezahlen könnte.

Ich antwortete meiner Schwester ehrlich und sagte ihr, wie ich darauf gekommen bin. Sie war nicht begeistert, das wusste ich bereits, aber sie war froh, dass ich vielleicht bald einen Job hatte. Denn somit konnte ich uns Essen kaufen. „Und um auf deine Frage zurückzukommen: Ich komme sehr wohl ein paar Stunden alleine zurecht", meinte meine Schwester. Ich nickte stolz und sagte, dass wir jetzt schlafen sollten. Ein paar Minuten später lag meine Schwester eingerollt in einer Kugel dicht neben mir. An ihrem ruhigen Atem konnte ich hören, dass sie schlief. Doch als ich meine Augen schloss, sah ich Bilder, die ich vergessen wollte. Seine Stimme hörte ich, und ich riss die Augen auf. Es war immer so. Immer wenn ich dachte, es war vorbei mit den Albträumen, tauchte er wieder auf und machte es mir unmöglich, einmal nicht schweißgebadet aufzuwachen.

Ryan

Ich schaute ihr lange hinterher. Sie war hübsch. Sehr hübsch. Ihre Haare waren endlos lang und ihr Gesicht weich und warm. Ich vermutete, so wie sie aussah, hatte sie einen Freund. Normalerweise interessierte mich so etwas nicht, wenn ich etwas haben wollte, dann nahm ich es mir. Aber bei ihr war es anders. Ich hatte das Gefühl, ich müsste vorsichtig mit ihr sein, damit ich sie nicht verletzte. Als wäre sie ein Schmetterling. Und ich hatte das Gefühl, dass ich ihr helfen müsste. Als sie mich ansah, mit ihrem flehenden Blick, als ob nur ich ihr helfen könnte, wunderte es mich, als sie sagte, sie wolle keinen Krankenwagen rufen, aber jeder hat seine Gründe. Auch wenn mir ihre Gründe nicht so egal waren wie sonst.

Nein, das muss aufhören. Ich kann jetzt gerade an kein Mädchen denken. Ich lief langsam zurück zur Schule und überlegte mir dabei, was ich meiner Mutter sagen sollte. Ich wusste, dass sie immer noch sauer auf mich war. Als ich vor der Schule war, machte ich die Tür auf und sah das wütende Gesicht meiner Mutter und das herablassende Grinsen auf dem Gesicht meines Direktors. Dieser Bastard, ich wusste, dass er meiner Mutter erzählt hatte, wie oft ich geschwänzt habe und schadenfroh war, dass ich jetzt Ärger bekam. Aber ich würde nicht vor ihm mit meiner Mutter streiten.

„Mum, können wir vielleicht draußen alleine reden?", fragte ich sie. Sie nickte nur, und wir gingen zusammen nach draußen. „Es tut mir leid, dass ich dich angelogen habe. Ich war vor ein paar Monaten auf einer Party und habe mich das erste Mal betrunken, es war so ein gutes Gefühl. Ich dachte nicht ständig an Dad, sondern hatte richtig Spaß. Ich musste es einfach öfter machen. Ich glaube, ich war die letzten Monate so im Rausch, dass ich nicht bemerkt habe, dass ich wie die Person werde, die ich am meisten hasse. Ich habe nicht mehr gelernt, habe die Schule geschwänzt und habe nur noch geraucht oder war betrunken. Doch ich versuche mich jetzt zu ändern. Ich fange wieder an zu lernen und schwänze nicht mehr."

Meine Mutter sah mich nicht mehr mit Wut an, sondern mit Stolz und Mitgefühl. Sie umarmte mich und flüsterte: „Oh, ich bin stolz auf dich. Ich weiß, dass du das schaffst." Ich wusste, dass ich jetzt nicht der Good Boy war, der ich nie werden würde, aber ich wusste, dass ich aufhören sollte, so viel zu rauchen und zu schwänzen. Ich wusste tief im Inneren, dass ich meinen Sinneswandel nur einer Person zu verdanken hatte.

Liz

Ich strich noch einmal meinen Pullover glatt, holte tief Luft und trat dann in den Imbissladen rein. Ich hatte meinen schönsten Pullover, der rot war, angezogen und einen schwarzen Jeansrock. Meine Haare hatte ich versucht, mit meinen Fingern zu kämmen, und sie dann in einen Zopf zusammengebunden. Ich habe sogar mein Gesicht gewaschen und mir eine Stunde vorher überlegt, was ich sagen sollte. Doch jetzt war es so weit, ich war aufgeregt, denn wenn ich den Job bekam, würde sich unser Leben ändern. Ich wusste, dass so viel auf dem Spiel stand.

„Hallo, wollen Sie etwas bestellen?", fragte mich eine kleine chinesische Frau. Ich antwortete ihr auf Chinesisch: „Hallo, nein, ich würde gerne mit dem Chef reden. Ich würde hier gerne arbeiten." Die Frau schien sich zu freuen und sagte mir, dass der Chef hinten im Laden sei. Ich lief den engen Flur entlang und klopfte an eine dreckige Tür. „Ja?", fragte die männliche Stimme, die ich vor ein paar Tagen bei einem Streit gehört hatte. Ich trat ein und bemerkte den Blick, den er über mich gleiten ließ, bevor er fragte: „Wer bist du?"

Ich antwortete: „Ich bin Liz und würde hier gerne arbeiten, ich könnte jederzeit anfangen." Der Mann musterte mich noch einmal, es war so ein Mann, dem man nicht im Dunkeln begegnen wollte. Er war breit gebaut, hatte eine Glatze und war tätowiert, bevor er sagte: „Ich frage dich lieber nicht, wie alt du bist....", er schwieg einen kurzen Moment, dann sagte er: „Okay, du kannst gleich morgen um 13:00 Uhr anfangen bis 17:00. Pro Stunde gebe ich dir 10 Euro."

Ich atmete erleichtert aus. Ich hatte es geschafft. Ich bedankte mich bei ihm und ging erleichtert zur Lagerhalle. Ein paar Stunden später aßen meine Schwester und ich glücklich ein chinesisches Gericht, das sie im Müll gefunden hatte. Wir wussten, dass ab jetzt alles besser werden würde. Als wir aufgegessen hatten, legten wir uns eng aneinander. Nach ein paar Minuten war meine Schwester eingeschlafen, und normalerweise war das der Moment, an dem ich an ihn dachte, an das, was er mir angetan hatte. Doch heute war es anders, ich hatte jemand anderen, an den ich dachte. Ich wusste, es war kindisch, aber ich hatte das Gefühl, dass wir füreinander geschaffen waren, obwohl ich noch nicht mal den Namen von dem fremden Jungen wusste. Aber ich hatte etwas Besseres – seine Nummer.

Ryan

Meine Freunde lachten mich aus, als ich ihnen sagte, dass ich nicht mehr so viel schwänzen und nicht mehr so viel Alkohol trinken will. Sie glaubten mir nicht, dass ich das schaffen könnte, doch ich wusste es besser, denn ich konnte es schaffen. Ich lernte sogar wieder und ging öfter ins Gym. Ich hatte jetzt mehr Stress, aber ich dachte oft nur an das hübsche Mädchen. Sie hatte mich noch nicht angerufen, das verletzte mich. Normalerweise liefen mir Mädchen immer hinterher, das war ich schon mein ganzes Leben gewohnt gewesen, und jetzt wollte ich eines, und sie wollte mich nicht.

Ich meine, ich hatte gesagt „für Notfälle", aber sie wusste sicher, dass ich das nur so gesagt hatte. Ich hatte das Gefühl, dass sie mich verfolgte. Seit dem Tag, an dem ich sie zum ersten Mal sah, träumte ich von ihr in der Nacht. Ich seufzte tief und versuchte mich wieder zu konzentrieren, ich lernte gerade für eine Mathematikarbeit. Mathematik war das Fach, das ich am meisten hasste. Es war so kompliziert. Nach einer Stunde hartem Lernen hatte ich keine Lust mehr und ging aus meinem riesigen Zimmer. In der Küche begegnete ich meiner Mutter, die gerade etwas kochte.

„Liebling, wo willst du denn hin? Hast du schon gelernt?", fragte meine Mutter. Das Verhältnis zwischen uns war nach dem Streit sogar noch besser geworden. Ich sagte ihr, dass ich schon gelernt hatte und jetzt eine Pause brauchte. Ich überlegte kurz, wo ich hingehen sollte, wo ich meine Ruhe hatte, und entschied mich für den chinesischen Imbissladen, den ich früher so gemocht hatte. Als ich dort ankam, sah alles noch genauso aus wie früher. Das machte mich irgendwie glücklich. Ich machte die halb kaputte Tür auf und trat ein. Eine chinesische Frau begrüßte mich und gab mir eine Karte. Ich bedankte mich bei ihr und suchte mir ein Gericht mit Ramen aus.

Die Frau sagte mir, dass das Essen in 10 Minuten fertig sei, und ging dann aus dem Imbissladen. Ich sah mich um, es war noch ein anderer Mann hier, und sonst war ich alleine. Ich suchte mir einen Platz am Fenster und wartete auf das Essen. Währenddessen dachte ich darüber nach, was ich trinken wollte, als der Mann, der auch im Imbissladen saß, mit wütender Stimme sagte: „Was bist du für eine Missgeburt? Ist es so schwer, mir das richtige Essen zu geben? Soll ich mit deinem Chef reden?" Ich schaute rüber, um zu sehen, mit wem er sprach, und mein Herz setzte kurz aus, bevor ich eine unfassbare Wut auf den Mann spürte.

Liz

Heute war mein erster Arbeitstag. Ich hatte von meinem Chef eine weiße Hose und eine rote Bluse bekommen, die ich anziehen sollte. Eigentlich war alles gut, wenn ich mir keine Sorgen um meine kleine Schwester machen würde. Sie war zwar nur eineinhalb Jahre jünger als ich, aber ich glaube, jedes ältere Geschwisterkind macht sich um das jüngere Geschwisterkind Sorgen. Ich nahm einen tiefen Atemzug und versuchte, mich auf meine erste Arbeitsstunde zu konzentrieren. Die Frau, der ich begegnet bin, als ich mich beworben hatte, war die Frau von meinem Chef, sie hieß Elena. Ich hätte mir eine Pause nehmen können, aber da ich pro Stunde bezahlt wurde, machte ich keine. Als ich nur noch zwei Stunden arbeiten musste, kam ein Mann herein, bei dem ich schon ein schlechtes Gefühl hatte, und als Elena mir sagte, es sei ein schwieriger Gast, verbesserte sie das schlechte Gefühl nicht unbedingt. Trotzdem ging ich mit einem freundlichen Lächeln zu ihm hin und fragte, was er wollte. Er murmelte etwas, bevor er mir das Gericht sagte und mich dann wieder ignorierte. Ich war stolz auf mich, dass ich das so gut geschafft hatte. Ein paar Minuten später war das Essen fertig, und ich brachte es dem schwierigen Gast. Doch gerade als ich das Tablett abstellen wollte, verschüttete ich aus Versehen das Wasser, und ein paar Tropfen landeten auf ihm. Ich entschuldigte mich bei ihm, aber er war aufgestanden und starrte mich fassungslos an, bevor er mich beleidigte: „Was bist du nur für eine Missgeburt? Ist es so schwer, Essen zu liefern, ohne es zu verschütten? Lass mich mit deinem Chef reden!" Ich wusste nicht, was ich sagen sollte, also stand ich nur dumm da, als mich plötzlich jemand sanft an der Schulter nach hinten zog und sich vor mich stellte und den Gast anschrie: „Die einzige Missgeburt bist du! Und du wirst dich jetzt verpissen und nie wiederkommen!" Der Gast schaute erst verdutzt, doch dann nahm er seine Sachen und ging. Ich wollte mich bei dem Fremden bedanken, als ich sah, wer es war. Es war der fremde Junge. Er lächelte mich verschmitzt an und fragte mich: „Hey, schön, dich wiederzusehen. Ist alles in Ordnung? Oder soll ich dem Bastard eine reinhauen?" Ich war so erschrocken über seine Ausdrucksweise, dass ich lächeln musste und sagte ihm, dass bei mir alles in Ordnung sei. Ich sagte ihm, dass wir uns hinsetzen könnten, also saßen wir uns gegenüber und unterhielten uns. Ich wusste, dass ich jetzt meine Pause verbrauchte, aber das war es mir wert.

Ryan

Ich hatte ihr ein Handy gegeben. Liz hatte kein Handy, also gab ich ihr meines, damit wir uns schreiben konnten. Und das taten wir. Jeden Tag schrieben wir uns. Mittlerweile waren zwei Tage vergangen, nachdem ich mich mit Liz unterhalten hatte. Heute war ein Sonntag, der perfekte Tag, um ins Kino zu gehen. Also schrieb ich Liz und fragte sie, ob sie mit mir in einer Stunde ins Kino gehen will. Ich schrieb noch dazu, dass ich alles bezahlen würde, da ich wusste, dass ihre Familie nicht so viel Geld hatte. Ein paar Minuten später schrieb sie: „Ja, gerne :)". Ich zog eine schwarze Hose und einen weißen Pullover an, stylte meine Haare und benutzte Parfüm. Als ich aus dem Haus ging, zog meine Mutter belustigt eine Augenbraue hoch. Ich wusste, dass sie wusste, dass ich mich mit einem Mädchen traf, und dass ich das schon öfter getan hatte. Ich war überpünktlich am Kino und wartete mit einem leichten Kribbeln im Bauch auf Liz. Als sie nach ein paar Minuten auf mich zulief, blieb mir der Mund offenstehen. Sie war so wunderschön und unschuldig. Ihr schwarzes, langes Haar wehte im Wind hinter ihr her, ihre blasse Haut schimmerte und passte perfekt zu ihren vollen, roten Lippen. Sie hatte einen schwarzen, kurzen Rock und einen weißen Pullover an. Als ich in ihre grünen Augen sah, die aufmerksam und tief aussahen, merkte ich, dass sie mich musterte. Als sie bei mir ankam, lächelte sie mich an. Ich sagte zu ihr: „Hallo, du siehst sehr hübsch aus. Wollen wir ins Kino gehen?" Sie schmunzelte: „Danke, du auch." Wir schauten uns einen langweiligen Liebesfilm an, dem ich fast keine Aufmerksamkeit schenkte, sondern immer wieder zu ihr schaute. Liz schien der Film zu gefallen, denn sie schaute ihn aufmerksam an. Ich rutschte langsam immer näher zu ihr, bis ich so nah war, dass ich ihren Atem hören konnte. Ich strich ihr eine Strähne hinter das Ohr und bemerkte, dass sie glücklich lächelte. Ich überlegte, ihre Hand zu nehmen, entschied mich aber dagegen. Nach dem Film redeten wir noch kurz darüber, als ob mich der Film interessiert hätte, nur um sie glücklich zu machen, und dann verabschiedeten wir uns. Sie kam auf mich zu und umarmte mich. Ich erwiderte ihre Umarmung. Ich spürte Schmetterlinge im Bauch und fühlte mich wie ein 12-Jähriger. Ich flüsterte ihr ins Ohr: „Das war nicht das letzte Treffen", bevor sie ging. Ich wusste, sie sah es nicht als ein Date, aber ich tat es.

Liz

Ich hatte ihn angelogen. Es war keine schlimme Lüge, trotzdem hatte ich ihn angelogen. Ich hatte ihm von einem perfekten Leben von mir erzählt. Er dachte, dass meine Eltern noch lebten. Er dachte, ich würde auf eine Schule gehen. Er dachte, dass ich ein ganz normales Mädchen wäre. Er dachte, ich hätte das Leben, das ich mir immer gewünscht hatte. Er dachte, ich wäre das Mädchen, das ich immer sein wollte – ein normales. Ich wusste, wenn ich ihm die Wahrheit sagen würde, würde er denken, dass ich komisch sei. Keiner wollte eine Freundin, die so viele Sorgen und Probleme hatte. Der Aufwand war einfach zu groß. Jeder wollte eine unkomplizierte

Freundin, niemand will die Realität sehen, wenn sie schwer zu ertragen ist. Jeder schaut weg und ignoriert sie. Ich konnte es auch niemandem verübeln, denn mein Leben war nicht gerade das, was man sich wünscht, und ich wusste, dass es vielen anderen Kindern genauso geht. Ich weiß, dass es anderen Kindern noch schlimmer geht als mir; sie haben ein noch schlimmeres Leben. Deswegen durfte ich keine Schwäche zeigen. Und eine meiner Schwächen ist Ryan. Ich hatte mich von ihm ablenken lassen. Ich war zu glücklich gewesen. Ich war nicht mehr aufmerksam gewesen. Und vor allem hatte ich nur an ihn gedacht und mich nicht mehr um meine kleine Schwester gekümmert. Doch das hatte ich nun davon: Meine kleine Schwester lag zusammengerollt auf dem Boden, ich streichelte ihren zitternden Körper, während sie im Schlaf hustete. Für normale Kinder mit einem normalen Leben war eine normale Grippe nicht schlimm, aber für meine kleine Schwester schon. Ich hatte ihr heute Morgen Medikamente gekauft, von dem Geld, das ich jetzt verdiente, und sie ihr gleich gegeben, aber sie wirkten noch nicht. Es war gestern passiert, als ich vom Kino glücklich in die Lagerhalle lief. Ich dachte sogar, dass jetzt alles besser werden würde, meine Albträume hatten aufgehört, und ich verdiente Geld, aber als ich meine Schwester sah, die leichenblass war und hohes Fieber hatte, hatte ich unendlich viele Schuldgefühle. Ich hatte Ryan nicht mehr geschrieben, obwohl er mich anrief und sich Sorgen machte, weil ich nicht schrieb. Ich hatte sogar überlegt, das Handy zu verkaufen, um meiner Schwester Medikamente zu kaufen, wenn das Fieber nicht sinken würde. Ich wusste, ich sollte den Kontakt zu Ryan abbrechen, denn spätestens, wenn er die Wahrheit erfahren würde, war er weg. Außerdem lenkte er mich von meinem Leben ab.

Ryan

Irgendetwas war passiert. Das wusste ich. Ich machte mir Sorgen. Liz hatte mir seit gestern nach dem Kino nicht mehr geschrieben. Ich hatte ihr geschrieben und sie angerufen, doch sie hatte die Nachrichten nicht gelesen und nahm meine Anrufe nicht ab. Ich wusste nur, dass sie in Chinatown wohnte, aber nicht wo. Vielleicht wurde sie entführt! Oder war alles gut, und sie wollte einfach keinen Kontakt mehr zu mir? Fuck, ich wusste es nicht. Ich bin schon zweimal durch Chinatown gefahren in der Hoffnung, sie dort zu finden, aber vergeblich. Meine Mutter riss mich aus den Gedanken, als sie an die Tür meines Zimmers klopfte und hereinkam. Sie setzte sich neben mich und sagte: „Was ist los? Wieso machst du dir Sorgen? Um was?" Ich würde ihr bestimmt nicht sagen, dass ich mich in ein Mädchen verliebt hatte, das mich nicht liebte und mir nicht mehr schrieb. Also sagte ich: „Mama, das verstehst du nicht. Selbst wenn ich es dir sagen würde." Meine Mutter lächelte und antwortete: „Oh doch, ich verstehe sehr gut. Ein Mädchen. Es geht um ein Mädchen. Ich gebe dir einen Tipp: Kämpfe um sie! Wenn sie dir etwas bedeutet, dann musst du etwas machen." Meine Mutter hatte recht, ich musste sie finden, und da kam mir eine Idee. Ich hatte auf dem Handy, das ich ihr gegeben hatte, Snapchat heruntergeladen, und auf Snapchat konnte man den Standort von anderen Leuten sehen. Also schaute ich auf meinem neuen Handy nach, wo mein altes Handy war. Es war in Chinatown, in einer Lagerhalle. Mein Herz setzte aus. Sorgen und

Schuldgefühle waren das Einzige, was ich spürte. Es fühlte sich eisig in meinem Herzen an. Denn eine Lagerhalle war das beste Versteck, um eine Person zu entführen. Zehn Minuten später war ich vor der Lagerhalle. Ich hatte ein Messer dabei und die Polizei gewählt, ich musste nur noch den Anruf absetzen. Ich hatte auch eine Taschenlampe und einen Erste-Hilfe-Kasten dabei. Ich wollte gerade die Tür öffnen, als eine Person aus der Lagerhalle heraustrat, die ich als Allerletztes erwartet hätte: Linn. Und hinter ihr Liz. Ich verstand gar nichts mehr. Ich dachte, sie wäre in Not, aber sie waren die Einzigen dort, keine Entführer oder sonst jemand. Doch dann, wie ein fehlendes Puzzleteil, verstand ich es plötzlich. Die Lagerhalle war ihr Zuhause. Ich war schockiert, als ich es begriff. Sie hatten kein Zuhause. Sie waren obdachlos.

Liz

Ich war so froh, als die Medikamente bei Linn wirkten. Sie war zwar immer noch blass, aber ihr Fieber war gesunken und sie hatte keinen Husten mehr. Ich wollte sie eigentlich nicht allein lassen, aber am Mittag ging ich in einen Shop in der Nähe und kaufte ein paar Äpfel, Bananen und Ramen. Ich fühlte mich wie ein normales Mädchen, als ich zur Kasse ging, um zu bezahlen. Ich war kurz stolz auf mich, doch dann dachte ich daran, was ich alles mehr erreichen könnte, wenn ich mich mehr anstrengen würde, und der Stolz verging. Ich bezahlte die Sachen mit dem Geld, das ich verdient hatte, und ging schnell wieder zu unserem „Haus" zurück. Meine Schwester freute sich sehr über das Essen, auch wenn es nicht die beste Qualität hatte. Sie bedankte sich bei mir: „Vielen Dank, ich weiß, dass das alles auch sehr schwer für dich ist, deswegen bin ich auch sehr stolz auf dich." Ich lächelte ihr nur zu als Antwort, denn ich wusste, dass ich viel mehr hätte machen können, als nur ein paar Mal zu arbeiten.

Am Nachmittag entschieden wir uns dazu, noch einen Spaziergang zu machen, nur einen kleinen, denn ich wusste, dass sie noch nicht so fit war, wie sie vorgab. Aber frische Luft tat ihr sicher gut. Wir gingen vor die Tür, und ich wollte gerade die Tür abschließen, mit dem neuen Schloss, das ich gekauft hatte, als mir ein Sportwagen auf der gegenüberliegenden Straßenseite auffiel. In dieser Gegend gab es nämlich eigentlich keine Sportautos, aber ich dachte mir nichts dabei. Wir wollten gerade in eine andere Straße einbiegen, als sich die Tür vom Sportwagen öffnete und niemand Geringeres als Ryan ausstieg.

In dem Moment musste ich daran denken, wie schön er war. Er hatte braune, kurze Locken und eine gute Figur. Ich bekam immer noch Gänsehaut, wenn ich an jenen Tag dachte, als er mir vor dem Kino ins Ohr geflüstert hatte. Ich wusste, dass nicht er daran schuld war, dass meine Schwester krank war, aber ich hatte einfach zu viel Spaß und war unaufmerksam geworden. Ich dachte trotzdem jede Nacht an den Tag zurück, denn seitdem waren meine Albträume besser geworden und ich dachte nicht die ganze Nacht an ihn. Meine Schwester riss mich aus den Gedanken, als sie mich flüsternd fragte: „Ist das der Junge, der uns das Wasser und den Apfel gegeben hat?" Ich nickte nur und starrte ihn weiter an. Als er vor mir zum Stehen kam, fragte er mit unlesbarer Miene: „Ist das euer Zuhause?" Und ich wusste, ich musste mir schnell etwas ausdenken.

Ryan

Ich sah, wie Liz auf ihrer roten Unterlippe kaute, bevor sie auf meine Frage antwortete: „Ja, das ist unser Haus, wieso?" Ich war geschockt, versuchte mir aber nichts anmerken zu lassen. Ich war auch etwas sauer, aber ich wusste nicht, wieso, denn ich konnte verstehen, dass Liz das nicht erwähnt hatte. Ich antwortete ihr ehrlich: „Ich dachte, du wärst entführt worden, weil du nicht mehr auf meine Nachrichten und Anrufe geantwortet hast." Ich sah in ihrem Gesicht einen Anflug von Reue, bevor sie erwiderte: „Tut mir leid, meiner kleinen Schwester ging es nicht gut und ich habe mich um sie gekümmert." Ich fragte verwirrt: „Wieso kümmern sich denn nicht deine Eltern um sie?" Sie schluckte schwer und dann sagte sie: „Meine Eltern sind gerade nicht da." Ich nickte verständnisvoll und meinte: „Scheißsituation, aber du hättest mir trotzdem schreiben können. Ich hätte dir helfen können, auf deine Schwester aufzupassen." Sie lächelte mir dankbar entgegen, und mein Herz machte einen Sprung. Sie sah zwar heute müde aus, aber war trotzdem wunderschön.

Ihre kleine Schwester zupfte an meinem T-Shirt und fragte mich: „Kennst du meine Schwester? Bist du der Junge, der mir den Apfel und das Wasser vor einer Woche gegeben hat?" Ich lächelte sie an, kniete mich zu ihr runter, auch wenn sie gar nicht so klein war, und antwortete ihr: „Ja, ich kenne deine Schwester. Wir haben uns im Imbiss-Laden wiedergesehen. Und ja, ich bin der Junge, der dir das

Wasser und den Apfel gegeben hat. Ich heiße übrigens Ryan." Sie nickte und sagte dann mit einem schüchternen Lächeln: „Ich heiße Linn. Und danke für das Wasser und den Apfel." Ich tätschelte ihr leicht den Kopf. Ich mochte Kinder eigentlich nicht, aber sie war süß. Ich stand wieder auf und schaute Liz an, die mich anstarrte. „Wir wollten spazieren gehen, du kannst gerne mitkommen, wenn du willst", sagte Liz. Ich antwortete ihr: „Ja, gerne." Also liefen wir los. Erst schweigend, doch dann fingen wir an zu reden. Sie erzählte von ihrer Arbeit, und ich von meiner Mutter und meiner Schule. Ab und zu fragte mich Liz neugierig etwas, und ich antwortete ihr immer ehrlich. Als wir fast wieder vor ihrem Haus standen, griff ich vorsichtig nach Liz' Hand und streichelte ihre weiche Haut. Sie schien es zu genießen, denn sie zog ihre Hand nicht weg. Nach einer Weile, in der wir so standen, räusperte sie sich und zog ihre Hand wieder weg. Ich war etwas traurig, sagte aber nichts. Dann verabschiedete ich mich von ihnen mit einer Umarmung, wobei ich bei Liz Schmetterlinge im Bauch bekam.

Liz

Ich hatte ihn angelogen. Schon wieder. Ich wusste, dass wenn er die Wahrheit herausfinden würde, er sauer auf mich wäre. Und ich konnte es ihm nicht verübeln. Ich hatte ihn zum zweiten Mal angelogen, und es ist ja keine kleine Lüge, wie wenn ich ihn über meine Lieblingsfarbe belogen hätte, sondern ich habe ihm zweimal von einem Leben erzählt, das ich gerne hätte, aber davon bin ich meilenweit entfernt. „Dankeschön, dass du ihm nichts gesagt hast", sagte ich zu meiner Schwester in die Stille hinein, als wir wieder zu Hause waren und bis jetzt keiner etwas gesagt hatte. Meine Schwester saß neben mir und schaute mich mit einem bösen Blick an und erwiderte aufgebracht: „Ich verstehe nicht, wieso du ihn anlügst. Ich meine, ich sehe ja, dass du ihn liebst, und er liebt dich. Wieso sagst du ihm nicht die Wahrheit? Das ist doch auch viel einfacher, als zu lügen."

Ich schluckte schwer. Ich hatte mir schon gedacht, dass meine Schwester es nicht verstehen würde. Trotzdem versuchte ich, es ihr zu erklären: „Tatsächlich ist es einfacher zu lügen, denn wenn ich ihm die Wahrheit erzählen würde, wäre er früher oder später eh weg. Es wäre ihm zu viel, es wäre ihm zu grausam. Es wäre jedem zu grausam. Die Realität ist nun mal grausam, aber viele schauen lieber weg und ignorieren sie, als sie zu sehen und versuchen dagegen etwas zu unternehmen. Deswegen lüge ich ihn lieber an." Meine Schwester schüttelte erstaunt den Kopf und sagte: „Ich sehe das anders." Sie wollte gerade sagen, wie sie das findet, als ich ihr dazwischenredete: „Das glaube ich dir, aber wenn du älter bist, wirst du es verstehen. Und jetzt Schluss damit." Meine Schwester funkelte mich böse an. In diesen Momenten fühlte ich mich wie eine Mutter.

Nach ein paar Minuten, in denen wir schwiegen, zogen wir uns um und legten uns auf unsere „Betten". Ich schaltete das Licht aus und hörte bald darauf den leisen Atem meiner Schwester. Aber ich konnte noch nicht schlafen. Zwar waren meine Albträume besser geworden, und ich dachte nicht mehr jede Nacht an ihn, aber ich musste nachdenken. Wenn ich ehrlich war, war ich eifersüchtig auf viele Mädchen, die das perfekte

Leben lebten und nicht einmal dankbar dafür waren. Ich kämpfte um genau so ein Leben. Ich wollte es so unbedingt, denn so wie mein Leben jetzt war, war es schrecklich. Ich hasste es! Ich hasste meine Tante dafür, auch wenn sie jetzt tot war. Ich glaube, wenn sie am Leben wäre, hätte ich sie umgebracht. Nur ihretwegen war mein Leben so schrecklich. Nur ihretwegen. Ihretwegen waren meine Eltern tot.

Ryan

„Für Liz", schrieb ich auf den kleinen weißen Zettel, der am Blumenstrauß festgemacht war. Es waren rote Rosen. Meine Lieblingsblumen. Ich hoffte, auch ihre. Wir hatten in den letzten Tagen wieder öfter geschrieben, uns aber nicht getroffen, und da ich sie vermisste, wollte ich ihr ein Geschenk machen, damit sie immer an mich denken kann, wenn sie die Blumen sieht. Ich musste den Blumenstrauß in beide Hände nehmen, so groß war er, um ihn aus meinem Zimmer ins Auto zu bekommen. Auf dem Weg sah mich meine Mutter und schaute mich mit einem wissenden Blick und einem Lächeln auf den Lippen an. Meine Mutter war sehr jung und verstand daher schnell, was ich mit Blumen vorhatte. Sie sah aus wie ich, nur weiblich und mit blonden Haaren. Sie war immer gut gestylt, und es wunderte mich nicht, dass alle Männer sie liebten. Ich ignorierte aber ihre Geste und ging zu meinem Auto. Ich hatte mir vorgenommen, nur die Blumen vor die Tür zu legen und wieder zu gehen.

Nach ein paar Minuten Fahrt war ich da. Ich hatte schon schwitzige Hände und war etwas aufgeregt, obwohl ich sie nur hinlegen wollte. Ich stieg schnell aus, bevor ich mich umentscheiden konnte, ging auf die Lagerhalle zu und legte den Blumenstrauß vor der Tür ab. Ich wollte gerade wieder gehen, als die Tür aufging und Liz vor mir stand. Erst da fiel mir auf, wie klein sie war. So süß. Sie schaute erst mich und dann den Blumenstrauß an, bevor sie zu lächeln begann. „Danke schön, sie sind wirklich wunderschön. Rosen sind meine Lieblingsblumen." Ich nickte beschämt, freute mich dann aber, als sie mich umarmte und ich mein Gesicht in ihr Haar legte. Ich fragte sie, ob wir ein bisschen spazieren gehen wollten, und sie stimmte zu. Erst schwiegen wir oder unterhielten uns über unwichtiges Zeug, bevor ich vorsichtig fragte: „Ähm, mit der Sache, dass ihr kein Haus habt, das muss dir nicht peinlich sein." Sie schaute mich an und sagte ehrlich: „Es ist mir nicht peinlich." Ich glaubte ihr, aber ich wusste, dass sie einen Grund hatte, wieso sie es verschwiegen hatte. Aber da ich merkte, dass sie es mir noch nicht erzählen wollte, fing ich an, etwas sehr Privates zu erzählen: „Weißt du, mein Vater ist auch obdachlos. Er hat sechs Jahre nach meiner Geburt angefangen zu trinken und ist vor zwei Jahren abgehauen. Seitdem habe ich ihn nie wieder gesehen."

Liz

Er hatte sich mir anvertraut. Er hatte sich mir gegenüber geöffnet. Er hat einer Person, die er nur glaubt zu kennen, etwas Privates erzählt. Ich hatte so große Schuldgefühle ihm gegenüber. Er hatte mir etwas Schreckliches aus seinem Leben erzählt, und ich hatte ihn belogen. Ich wusste, dass er ahnte, dass ich ihm etwas verheimlichte, aber er wusste nicht, dass ich ihn angelogen hatte. Ich wusste, dass ich ihm bald die Wahrheit sagen musste. Mit dem, was dann passieren würde, musste ich leben. Ich konnte mir zwar einreden, dass er nicht der Richtige sei, wenn er nichts mehr mit mir zu tun haben wollte, aber das stimmte nicht. Ich konnte ihn verstehen, es ist schwer, sich mit der Realität abzufinden, und wenn man die Chance hatte, schaute man lieber weg.

„Ich glaube, er ist da", sagte meine Schwester aufgeregt und riss mich damit aus meinen Gedanken. Ich war heute Abend mit Ryan zum Essen verabredet. Er hatte nur gesagt, dass ich meine schönsten Klamotten anziehen soll. Ich hatte das einzige Kleid angezogen, das ich besaß. Es war ein schwarzes, eng anliegendes Kleid, das mir fast bis zu meinen Knien reichte. Meine Haare hatte ich versucht zu kämmen, und ich hatte mein einziges Armband, das mir meine Mutter geschenkt hatte, angezogen. Ich hatte meine Schwester ungefähr hundert Mal gefragt, ob es in Ordnung für sie wäre, wenn ich mit ihm für einen Abend essen gehen würde. Ich fühlte mich schlecht, mit Ryan in ein teures Restaurant essen zu gehen, während meine Schwester in einer Lagerhalle saß und irgendein Fertiggericht aß. Aber meine Schwester bestand darauf, dass ich mit ihm essen ging, also kaufte ich ihr in einem Laden etwas Leckeres zu essen, damit sie auch etwas hatte.

In dem Moment klopfte es an der Stahltür, und ich quiekte aufgeregt auf, umarmte meine Schwester zum Abschied und machte dann die Tür auf. Und bei dem Anblick, den ich sah, blieb mir der Mund offen stehen. Ryan stand in einem schwarzen Anzug mit einem weißen Hemd und einer Krawatte, in den

Händen eine Pralinenschachtel in Herzform. Auf seinem perfekten Gesicht ein Lächeln. Mein Herz machte einen Sprung, als ich ihn so sah, und ich wusste, dass ich das jetzt tun musste. Ich zog die Stahltür zu und schloss mit schnellen Schritten die letzte Distanz zwischen uns, bevor ich auf Zehenspitzen ging, die Arme um seinen Nacken warf und mein Mund auf seinen traf.

Ryan

Im ersten Moment war ich überrascht, doch dann erwiderte ich den Kuss stürmisch. Ich ließ die Pralinen fallen und steckte meine Hände in ihre langen Haare. Mein Pulsschlag ging doppelt so schnell, obwohl ich Frauen schon öfter mehr als nur geküsst hatte. Bei ihr war es aber etwas anderes. Sie war etwas Besonderes. Sie öffnete ihren Mund und unsere Zungen berührten sich. Wir machten noch ein paar Minuten so weiter, bis wir komplett außer Atem waren und aufhören mussten. Ich grinste sie an, und sie lächelte schüchtern zurück. „Du bist so wunderschön, Süße", sagte ich leise zu ihr und strich ihr eine Strähne hinter ihr Ohr. Sie errötete und sagte: „Dankeschön. Du bist perfekt. Wollen wir jetzt los?" Ich nickte und nahm ihre Hand in meine. Sie verschränkte ihre Finger mit meinen, und zusammen gingen wir zu meinem Auto. Ich hielt ihr die Tür auf, damit sie einsteigen konnte, und stieg dann selbst ein. Während der Fahrt hielten wir die ganze Zeit unsere Hände und flüsterten uns Komplimente zu. Nach ein paar Minuten Fahrt waren wir am Restaurant. Ich hielt ihr die Tür auf, und zusammen schickte uns ein Kellner zu unserem Platz. Es war ein Tisch mit einer weißen Tischdecke, einer Kerze darauf und goldenem Besteck. Die

Serviette war aufwendig gefaltet. Liz betrachtete alles mit großen Augen, was ich süß fand. Wir setzten uns und bekamen die Karte. Nach kurzem Überlegen suchten wir uns ein Paar-Menü aus. „Sind wir jetzt eigentlich zusammen?" fragte ich. Liz nickte und sagte: „Ja, ich glaube schon. Ich liebe dich, und ich hoffe, du mich auch." Ich küsste sie als Antwort auf den Mund. Plötzlich wurde sie unbehaglich, und sie spielte mit ihren Haaren, bevor sie sagte: „Also, wie du wahrscheinlich schon erwartet hast, habe ich dir noch nicht alles über mich erzählt. Um ehrlich zu sein, habe ich dich belogen. Meine Eltern sind nicht weg. Sie sind vor vier Monaten gestorben. Bei einem Brand, den meine Tante ausgelöst hatte, und dabei sind sie und ihr Kind gestorben. Ich habe meine Tante schon immer gehasst. Sie hat sich nie um ihr Kind gekümmert, sondern immer nur irgendwelche Männer zu Besuch gehabt. Als sie eines Abends bei uns war, mit ihrem Kind, das davor für ein paar Wochen im Kinderheim war, weil sie sich nicht darum kümmerte, ließ sie eine brennende Kerze an. Diese fiel um, und alles fing Feuer. Ich bin mit meiner Schwester gerade vom Weihnachtsmarkt zurückgekommen und habe alles mitangesehen. Ich sah, wie unsere Wohnung in Flammen stand und hörte die Schreie meiner Eltern."

Liz

Ich schluckte schwer, um die Tränen zu unterdrücken. Ich wollte vor ihm stark sein. Ryan sah mich mit einer Mischung aus Schuldgefühlen und Trauer an. Ich wusste, dass er nicht wusste, was er sagen sollte. Es herrschte peinliche Stille. Ich bereute es, das erzählt zu haben, aber ich fühlte mich bei ihm so wohl und sicher, dass es einfach aus mir herausprudelte. Er fragte vorsichtig: „Also seid ihr deswegen obdachlos? Ihr seid weggerannt? Wovor? Wieso hast du mir das nicht erzählt? Also lebt ihr allein?" Ich antwortete ihm auf seine Fragen: „Wir sind vor dem Kinderheim weggerannt. Unsere Cousine hatte uns erzählt, dass es dort schrecklich ist. Außerdem hätte ich nicht so tun können, als wäre nichts passiert. Ich habe es dir nicht erzählt, weil du früher oder später gehen wirst. Die Realität ist zu schlimm, aber du hast die Chance, nicht hinzuschauen, das wirst du machen. Ich mache dir aber keine Vorwürfe, ich verstehe das."

Ryan sah verwirrt aus und sagte: „Das denkst du über mich? Dass ich dich verlasse wegen deiner Vergangenheit, wegen deines schrecklichen Lebens? Das würde ich nicht machen. Ich könnte es nicht. Nicht aus Schuldgefühlen, sondern weil ich dich liebe. Liz, ich liebe dich so sehr, wieso sollte ich dich wegen so etwas Unbedeutendem verlassen? Nein, mach dir keine Sorgen, ich werde dich niemals verlassen." Mein Herz pochte und in meinen Ohren rauschte es. Ich wusste, ich hatte den Richtigen gefunden. Ich wusste, dass jetzt wirklich alles besser werden würde, mit ihm. Ich beugte mich über den Tisch und küsste ihn auf den Mund. Er strich mit seiner Hand über meinen Kopf. In dem Moment räusperte sich jemand, und als ich aufsah, sah ich den Kellner mit dem Gericht. Er stellte es ab und wir bedankten uns, bevor er wieder ging. Wir hatten einen großen Nudelteller bestellt, mit zwei Löffeln und Gabeln. Das Essen war köstlich und Ryan und ich kicherten die ganze Zeit oder küssten uns. Es war einfach perfekt. Als wir alles aufgegessen hatten und der Kellner alles abgeräumt hatte, blieben wir noch kurz sitzen, um den Sternenhimmel zu betrachten. Er war wunderschön. Als ich eine Sternschnuppe sah, quiekte ich erfreut auf und Ryan schaute mich lächelnd an, bevor er mein Gesicht in seine großen Hände legte und mir den längsten Kuss des Abends gab. Danach bekam ich nichts mehr mit, ich hatte nur noch Augen für Ryan. Als er mich nach Hause brachte, flüsterte er mir zum Abschied zu: „Du bist die stärkste Person, die ich kenne."

Ryan

Ich fing wieder an zu zeichnen, und ich wusste, das war nur ihretwegen. Sie hatte mich verändert. Das merkte auch meine Mutter, sie wusste, dass irgendetwas los war, und ich dachte, dass ich ihr die Wahrheit sagen würde. Und ich würde ihr ein Porträt von Liz zeigen, das ich gezeichnet hatte. Früher, als mein Vater wieder nachts nicht nach Hause kam, zeichnete ich immer etwas, es beruhigte mich. Seitdem mein Vater abgehauen war, hatte ich damit aufgehört. Danach war ich ein anderer Mensch. Doch ich besserte mich wieder, mit Liz' Hilfe, ohne dass es ihr bewusst war. Deswegen wollte ich ihr auch helfen. Es nahm mich immer noch mit, was sie erzählt hatte. Sie tat mir so leid, aber ich wusste, dass Mitleid keine Hilfe war, eher im Gegenteil. Sie war mit Abstand die stärkste Person, die ich kannte. Ich wusste aber, dass sie Hilfe und Unterstützung brauchte, auch wenn sie es niemals zugeben würde. Aber deswegen war ich ja da. Ich suchte gerade eine Wohnung für sie und ihre Schwester. Sie konnte natürlich vorübergehend bei mir wohnen, aber ich verstand, wenn sie eine eigene Wohnung haben wollte. Ich wollte sie und ihre Schwester auch auf einer Schule anmelden. Und ich wollte, dass die beiden in Therapie gingen. Ich wusste, dass man einen Tod nicht so einfach ignorieren konnte. Aber erst mal wollte ich meiner Mutter sagen, dass ich eine Freundin hatte. Ich ging runter in die Küche, wo meine Mutter gerade kochte, und sagte: „Mama, ich muss dir etwas erzählen. Ich habe jetzt eine Freundin. Sie heißt Liz. Ich habe sie gezeichnet." Meine Mutter freute sich so sehr, dass sie vor Aufregung aufsprang und mir das Porträt aus der Hand riss. Sie sagte erstaunt: „Oh... sie ist aber hübsch. Ich habe es mir aber schon gedacht, du hast dich in letzter Zeit verändert, ich wusste, da hat ein Mädchen ihre Finger im Spiel. Ich freue mich so für euch. Ich muss sie unbedingt kennenlernen." Da meine Mutter mir viele Fragen über sie stellte, entschied ich mich dazu, ihr die Wahrheit über Liz' Leben zu erzählen. Als ich ihr alles erzählt hatte, hatte sie Tränen in den Augen und ich umarmte sie. Sie schniefte und stotterte: „Das arme Mädchen. Sie hatte bis jetzt so ein schlimmes Leben. Sie musste sich um ihre Schwester und um sich kümmern. Wenn ich mir vorstelle, dass du an ihrer Stelle wärst, dann würde ich nicht mehr leben wollen. Aber ich habe eine Idee, wie wir dem armen Mädchen helfen können: Wir nehmen sie bei uns auf."

Liz

Ryans Mutter wollte, dass wir bei ihr einziehen, damit wir nicht ins Kinderheim oder zu einer Pflegefamilie mussten. In ein paar Tagen würde ich mein perfektes Leben, soweit das möglich war, leben, und meine Schwester auch. Gerichtlich gesehen war sie bald meine Mutter, solange bis ich volljährig war. Aber dazu mussten wir uns erst mal kennenlernen, also holte Ryan mich und meine Schwester ab und fuhr uns zu seinem Haus. Als wir vor der Tür standen, staunte ich: „Wow, das ist ja eine riesige Villa." Ryan umarmte mich von hinten, küsste mein Haar und sagte bescheiden: „So groß ist sie gar nicht. Komm, gehen wir rein, meine Mutter wartet bestimmt schon auf uns." Ich war so glücklich, mit mir und Ryan lief es super und mein Leben wurde auch besser. Glücklich nahm ich die Hand von Ryan entgegen und ließ mich von ihm hineinführen. Der Eingangsbereich war aus schwarzem Marmor, und es gab eine Sitzmöglichkeit, drumherum standen moderne Möbel. Ich hatte so etwas noch nie gesehen. Meine Eltern waren zwar nicht arm gewesen, aber wir waren auch nicht reich. Ryan führte mich weiter, hinter mir hörte ich meine Schwester über den ganzen Luxus staunen. Ich war etwas aufgeregt, als wir an der Küche ankamen, wo seine Mutter saß. Sie war wunderschön und sah aus wie er in weiblich. Sie hatte ein schönes schwarzes Kleid an, und als sie uns sah, hellte sich ihre Miene auf und sie umarmte erst mich und dann meine Schwester. „Schön, Sie kennenzulernen. Ich bin die Freundin von Ryan", stellte ich mich vor. Sie lächelte mich freundlich an und sagte: „Schätzchen, du kannst mich ruhig duzen. Du bist wunderschön." Ich bedankte mich und sie drehte sich zu meiner Schwester, anscheinend verstanden sie sich gut, denn sie waren schnell in ein Gespräch verwickelt. Ryan zog mich weiter, um mir die Villa zu zeigen. Er hielt vor mehreren Fotos an und zeigte auf eines und sagte: „Das ist das einzige

Foto von meinem Vater." Ich nahm das Foto in die Hand und als ich sah, wer das war, fror mein Herz ein. Ich wusste, ich würde gleich eine Panikattacke bekommen. Mein Atem ging schneller und meine Hände ließen das Bild fallen. Ich war wieder in der Nacht, wo mich derselbe Mann, dessen Vater mein Freund ist, anfing anzufassen. Er fasste mich an den Knien an, dann wanderten seine Hände höher und höher, bis sie auf einmal weg waren und ich hörte, wie er seinen Gürtel öffnete und seine Hose auszog. Ich wusste, was jetzt kam. Plötzlich war ich wieder im Hier und Jetzt, Tränen strömten über mein Gesicht, während mir nur eins durch den Kopf ging: Der Vater meines Freundes war mein Vergewaltiger.

Ryan

Ich zuckte erschrocken zusammen, als Liz das Foto fallen ließ und das Glas in tausend Scherben zerbrach. Ich schaute entsetzt zu ihr und sah, dass sie heftig zitterte und lautlos zu weinen anfing. Ich war komplett überfordert und wusste nicht, was los war. Ich berührte sie sanft an der Schulter und fragte besorgt: „Was ist los?" Sie schaute mich verstört und erschrocken an und dann stotterte sie: „Dein Vater... dein Vater... er...", bevor sie verstört den Kopf schüttelte und sich umdrehte, um zu gehen. Ich hielt sie sanft am Handgelenk fest und fragte sie: „Was ist mit meinem Vater?" Denn ich hatte keine Ahnung, was sie meinte. Sie sah mich nur ängstlich an, zog ihr Handgelenk weg und ging mit wackeligen Beinen in die Küche. Ich lief ihr vorsichtig hinterher. Als meine Mutter sie sah, erschrak sie und fragte: „Oh, Liebling, was ist passiert?" Doch Liz schaute sie nur ängstlich an, griff nach ihrer Schwester und ging, ohne ein Wort zu sagen, mit tränenüberfülltem Gesicht und leisem Schluchzen aus dem Haus. Ich folgte ihr und fragte sie die ganze Zeit, ob ich etwas falsch gemacht hatte oder was passiert ist, aber sie gab mir keine Antwort. Als ihre kleine Schwester genauso verdutzt schaute, wusste ich, dass sie auch nicht wusste, was mit ihr los war. Ich machte mir Sorgen, aber ich dachte, es wäre das Beste, wenn ich sie jetzt nicht verfolgte und sie nicht so lange fragen würde, bis sie es mir sagte, sondern dass sie jetzt Zeit für sich allein brauchte. Ich würde sie morgen fragen, was mit ihr los war. Ich machte mir Vorwürfe, dass ich irgendetwas falsch gemacht hatte, konnte es mir aber nicht vorstellen.

Meine Mutter kam auch zur Tür und sah mich fragend an: „Was ist los mit ihr? Sie sah ganz verstört aus. Und wieso ist das Bild kaputt?" Ich sagte ihr: „Ich weiß es nicht. Sie hatte das Bild von Papa in der Hand und ließ es plötzlich fallen, bevor sie irgendetwas von ihm stotterte. Ich weiß nicht, ob ich etwas falsch gemacht habe, Mama. Was soll ich jetzt tun?" Es kam nicht oft vor, dass ich meine Mutter um Rat fragte, vor allem nicht wegen eines Mädchens, aber jetzt war ich ratlos. Meine Mutter klopfte mir auf die Schulter und sagte aufmunternd: „Am besten lässt du ihr Zeit, schick ihr vielleicht Blumen und frag sie in 2 Tagen, was los war und ob du etwas falsch gemacht hast. Du schaffst das, das weiß ich."

Liz

Ich hatte das Gefühl, erst wieder ich selbst zu sein, als ich mit meiner kleinen Schwester zu Hause ankam. Ich hatte kein Wort mit ihr geredet, und sie hatte auch geschwiegen, denn sie wusste, dass es mir gerade nicht gut ging. Ich saß in der hintersten Ecke in der Lagerhalle und weinte unaufhörlich. Ich wusste, dass sich meine Schwester Sorgen um mich machte, aber für den Moment konnte ich nicht die starke große Schwester spielen. Ich zitterte am ganzen Körper und hatte das Gefühl, seine Hände auf mir zu spüren. Ich hatte das Gefühl, seine Stimme zu hören, die leise in mein Ohr flüsterte, und ich schmeckte den Alkohol auf meinen Lippen, den er getrunken hatte. Ich roch seinen Schweiß und sah ihn vor meinen Augen. Plötzlich riss mich eine Hand unsanft an der Schulter, und ich machte die Augen wieder auf und sah das besorgte Gesicht meiner Schwester vor mir. Sie atmete erleichtert aus, als sie sah, dass ich die Augen aufhatte, und setzte sich dann neben mich. Sie hüllte eine Decke um unsere Körper und sah schweigend in die Ferne. Es war ein angenehmes Schweigen, das ich genoss. Meine Schwester fragte nicht nach, was mit mir los war, sondern sie war da, wenn ich es ihr erzählen wollte, und ich wusste, dass der Moment gekommen war. Ich brauchte Rat von einer Person, der ich vertraute, und sie war abgesehen von Ryan die Einzige.

„Ich weiß nicht, was ich tun soll. Ich...", ich holte kurz Luft, bevor ich weitererzählte, „... ich kenne Ryans Vater. Er ist kein guter Mensch. Er... er hat mich vor zwei Monaten... vergewaltigt. Es war schrecklich. Ich werde seinetwegen nie wieder ein normales Leben leben können. Ich hasse ihn dafür.

Aber sollte ich nicht seine ganze Familie dafür hassen? Ich habe Angst, dass, wenn ich Ryan ansehe, ich nur noch seinen Vater in ihm sehe, dass er mich dann sozusagen mein ganzes Leben lang verfolgt." Meine Schwester weinte, umarmte mich immer wieder, bevor sie murmelte, dass es ihr so leid tut. Ich sagte ihr, dass es nicht ihre Schuld war. Als sie sich wieder etwas beruhigt hatte und ich mich auch, sagte sie: „Du solltest ihn definitiv hassen. Denn ich hasse ihn auch, den Vater, aber den Sohn musst du nicht hassen, denn er ist ein komplett anderer Mensch. Er kann für die grausamen Taten seines Vaters nichts, und er würde sich sicher trotzdem die Schuld geben. Aber lass dir dein Leben nicht ruinieren wegen des Bastards. Das ist dein Leben, lass es dir nicht von so jemandem wegnehmen."

Ryan

Ich glaube, das war der längste und schlimmste Tag meines Lebens. Ich verbrachte ihn damit, zu hoffen, dass mir Liz antworten würde, und ich überlegte, was ich falsch gemacht haben könnte. Als sie sich bis zum Abend nicht meldete, schaltete ich mein Handy aus und versuchte zu schlafen, was nicht klappte, denn ich musste die ganze Zeit an den Moment denken, in dem sie das Foto fallen gelassen hatte. Sie sah so furchtbar verängstigt und verstört aus, und sie sah mich an, als wäre ich ein Monster. Als hätte ich ihr etwas angetan. Ich erinnerte mich wieder daran, dass sie etwas von meinem Vater sagte, aber ich hatte es nicht verstanden. Irgendwann schlief ich dann ein. Die Nacht war furchtbar. Ich hatte Albträume, dass Liz Schluss machen würde oder dass sie sagte, dass ich ein Monster wäre. Ich wachte am nächsten Tag schweißgebadet auf und duschte erst mal. Ich schaute danach mit voller Hoffnung auf mein Handy, doch mein Herz sank, als ich sah, dass sie mir nicht geantwortet hatte. Ich würde aber heute hinfahren und sie fragen. Ich war kein geduldiger Mensch, vor allem, da ich wusste, dass es ihr nicht gut ging. Also fuhr ich mit einem Blumenstrauß zu ihr und klopfte an die Stahltür. Erst machte keiner auf, und ich wollte schon gehen, als Liz die Tür aufmachte. Ich erschrak. Sie hatte tränenunterlaufene Augen und ihr Gesicht war angeschwollen. Ich ging zu ihr, nahm ihr Gesicht in meine Hände und fragte sie leise, aber bestimmt: „Was war gestern los?" Sie holte tief Luft, bevor sie mich hereinbat. Ihr Zuhause war winzig, aber ich ließ mir nichts anmerken und setzte mich mit ihr in die Ecke. Ihre Schwester war gerade nicht da. Sie atmete noch einmal tief durch, bevor sie anfing zu erzählen:

„Vor ungefähr zwei Monaten war ich in der Nacht draußen, um meiner Schwester und mir Essen zu besorgen, als ich einem anderen Obdachlosen begegnete. Ich ignorierte ihn, doch er schrie mich direkt an und griff nach meinem Arm. Ich wehrte mich, doch er schlug mich und ich wurde kurz ohnmächtig. Als ich aufwachte, spürte ich seine Hände auf mir und hörte, wie er seinen Gürtel öffnete, kurz bevor er seine Hose auszog. Es war schrecklich, und ich schrie, aber niemand hörte mich. Als er fertig war, ging er einfach weiter. Ich wusste, dass er besoffen war. Als du mir gestern das Foto von deinem Vater gezeigt hast, habe ich ihn wiedererkannt. Mein Vergewaltiger."

Als sie aufgehört hatte zu reden, merkte ich erst, dass ich vor Wut zitterte. Ich stand auf, sah meine Freundin an und umarmte sie fest, so fest, dass es ihr wahrscheinlich schon weh tat, aber sie sagte nichts. Ich drückte sie noch fester, wiegte sie vor und zurück, streichelte ihr über den Kopf und flüsterte: „Fuck, Liz. Es tut mir so furchtbar leid, was er dir angetan hat. Es tut mir so leid. Ich weiß, dass es jetzt aus ist zwischen uns. Aber lass mich dir bitte helfen, ein besseres Leben zu leben." Liz antwortete mit erstickter Stimme: „Ich will nicht mit dir Schluss machen. Du bist nicht dein Vater, du kannst auch nichts für seine Taten, und du wirst sie niemals machen." Ich küsste sie auf die Stirn und sagte heiser: „Ich liebe dich so sehr. Aber wenn ich eine Tochter hätte, die in derselben Situation wäre, würde ich ihr sagen: Lauf, renne vor ihm weg." Sie lächelte traurig und sagte: „Dann ist ja gut, dass ich nicht deine Tochter bin." Ich lächelte sie traurig zurück an und wusste in dem Moment, auch wenn ich mich dafür selbst hasste, ich konnte sie nicht gehen lassen. Ich liebte sie zu sehr dafür. Sie umarmte mich und küsste mich stürmisch auf den Mund, den ich sofort erwiderte. Wir küssten uns noch eine Weile und weinten ab und zu, bis wir zusammen in einer Umarmung einschliefen. Und so erwachten wir am nächsten Morgen auch wieder, in einer Umarmung.

Als ich sah, dass ihre kleine Schwester in einer anderen Ecke, ohne Decke schlief, nahm ich eine von unserer Ecke und legte sie vorsichtig über ihren kleinen Körper. Bevor ich ging, schaute ich noch einmal meine Freundin an und wusste, dass sie die richtige war. Ich schrieb meiner Mutter, dass ich gleich nach Hause kommen würde und sie sich ein Tee machen sollte, denn das, was ich ihr erzählen wollte, würde sie nicht so leicht ertragen. Als ich zu Hause ankam, holte ich noch einmal tief Luft, bevor ich in die Küche ging, und meiner Mutter alles erzählte. Sie weinte, als ich fertig war unaufhörlich und ich umarmte sie. „Wie vielen Mädchen hat er das noch angetan, von denen wir nichts wissen, Ryan? Ich hätte nie gedacht, dass er zu so etwas imstande ist." Ich musste mich zusammenreißen, damit ich auch nicht gleich wieder weinen würde. „Mama, können wir nicht eine Anzeige gegen ihn machen?" Meine Mutter nickte und sagte: „Ich hoffe zwar, dass er nicht mehr lebt, aber falls er irgendwo gesehen wird, kommt er vor Gericht, und dort wird er von uns fertig gemacht."

Liz

Er hatte mich verändert, das merkte ich. Nicht nur er, sondern auch eine andere Person: Linn. Sie hatten mich beide verändert, und zwar zum Guten. Ich hatte zwar ein paar schwere Tage hinter mir, aber ich wusste, dass es jetzt besser werden würde, mit ihnen zusammen. Ich wusste, dass ich es alleine niemals geschafft hätte, und das ist auch in Ordnung, denn das musste ich nicht. Ich hatte so liebe Menschen in meinem Leben, die mir halfen, mich nicht alleine zu fühlen, die mich verstanden, die mich akzeptierten und die mir in schweren Zeiten beistanden. Deshalb liebte ich die beiden auch so sehr. Ryan hatte mich vor ein paar Tagen gefragt, ob es für mich in Ordnung wäre, wenn wir eine Anzeige gegen seinen Vater erstatten würden, und dafür liebte ich ihn schon. Ich liebte ihn, weil er meiner Schwester und mir ein Zuhause, und zwar ein richtiges Zuhause, zur Verfügung stellte. Ich liebte ihn, einfach weil er Ryan war. Ich liebte meine Schwester, weil sie mir nie Vorwürfe gemacht hat, obwohl ich vieles falsch gemacht habe. Und ich wusste von beiden, dass sie mich auch liebten.

Ryan riss mich aus den Gedanken, indem er die letzte Kiste mit Sachen aus der Lagerhalle in mein neues Zimmer auf den Boden stellte. Meine Schwester und ich durften so lange bei Ryan in der Villa wohnen, wie wir wollten. Ich glaube, er hatte Schuldgefühle meinetwegen. Ryan küsste mich auf den Mund, was bei mir ein Kribbeln im Bauch auslöste, bevor er mich vorsichtig hochhob und auf mein Bett warf. Ich lachte glücklich auf. Er strich mir eine Strähne aus dem Gesicht und flüsterte in mein Ohr: „Ich liebe dich so sehr." Ich flüsterte zurück: „Ich liebe dich auch." Doch leider riss uns seine Mutter aus dem nächsten Kuss, als sie rief: „Das Essen ist fertig."

Ich rannte lachend los und freute mich über das leckere Gericht. Ich hatte seit Monaten nichts Anständiges mehr gegessen. Und auch bis vor wenigen Tagen nicht anständig geduscht und ruhig geschlafen. Ich bedankte mich bei ihr für das leckere Essen, und meine kleine Schwester tat es mir nach, was Ryans Mutter zum Lächeln brachte. Sie war so eine liebe Mutter, auch wenn sie viel arbeitete, war sie immer für ihren Sohn da. „Ich habe euch für morgen einen Arzttermin gemacht, ich hoffe, das stört euch nicht." Linn und ich schüttelten gleichzeitig den Kopf. Ich wusste, dass sich mein Leben jetzt ändern würde. Schon bald würde ich in die Schule gehen und ein einigermaßen normales Leben führen, mit den Menschen, die ich liebte.

Ryan

Sie hatte sich verändert. Nicht nur ihr Charakter, sondern auch körperlich. Sie hatte größere Brüste bekommen und war nicht mehr so dünn wie vor ein paar Wochen. Ihr Haar war länger geworden, und sie sah gesünder aus. Aber das Beste war, ich sah die Lebensfreude in ihren Augen. Ich konnte sehen, dass sie glücklich war, obwohl sie durch die Hölle gegangen ist. Heute war ihr erster Schultag, und wir waren alle sehr aufgeregt. Da ich auf dieselbe Schule wie sie ging, konnten wir uns in den Pausen sehen. Deshalb schaute ich alle zehn Minuten auf die Uhr und wartete ungeduldig auf die Pause. Mein Mathelehrer riss mich aus meinen Gedanken, indem er mir meine Klausur zurückgab, die ich vor ein paar Tagen geschrieben hatte. Er lächelte mich kurz an, bevor er weiterging. Gespannt auf meine Note, hob ich meine Klausur hoch und schaute nach. Vor Aufregung und Freude hüpfte mein Herz – ich hatte eine 2-. Ich wusste, dass sich das Lernen gelohnt hatte. In dem Moment klingelte die Glocke zur Pause. Ich stand so schnell auf, dass mein Stuhl umkippte, aber das war mir egal. Ich rannte los, zu ihrem Klassenzimmer und wartete auf sie.

Nach ein paar Sekunden kam sie raus, mitten im Gespräch mit einem Jungen und einem Mädchen in ihrem Alter. Sie unterhielten sich leise, dann fingen sie an zu lachen. Mein Herz machte einen Sprung, als ich ihr schönes Lachen hörte. Sie sah auf und schaute mir direkt in die Augen. Ich lächelte sie an, und sie lächelte zurück. Sie verabschiedete sich von den beiden und lief auf mich zu. „Und wie war dein erster Unterricht, Süße?", fragte ich. Sie antwortete: „Super, die meisten sind nett. Und die Lehrer auch, nur der Unterrichtsstoff ist langweilig. Es ist so leicht." Ich hob eine Augenbraue hoch und fragte sie: „Leicht? Also ich finde den Unterricht ziemlich schwer, aber es wundert mich nicht, wenn du ein Streber bist. Übrigens habe ich eine 2- in Mathematik bekommen." Sie lächelte mich stolz an und umarmte mich fest. „Ich habe übrigens eine Überraschung für dich. Nichts Großes, aber ich hoffe, es gefällt dir trotzdem." Sie nickte und sagte: „Mir gefällt alles, was du für mich machst, egal ob es teuer war oder nicht oder ob es nichts Großes ist. Und jetzt zeig schon her." Nervös holte ich aus meiner Tasche eine Zeichnung von ihr heraus und gab sie ihr. Sie riss überrascht die Augen auf und sagte: „Wow. Danke schön, das ist das beste Geschenk, das ich jemals bekommen habe. Vielen Dank, Ryan. Ich liebe dich so sehr."

Liz

Wir küssten uns. Ich wusste, jetzt war mein Leben, soweit es ging, perfekt. Ich wusste, dass ich genau darauf hingearbeitet hatte, auf das perfekte Leben. Und ich hatte es erreicht. Ich hatte mein Ziel erreicht. Wir küssten uns noch einmal, und ich fragte ihn: „Ist es in Ordnung, dass ich gerade so stolz auf mich selbst bin?" Er nickte und sagte: „Süße, das solltest du jeden Moment deines Lebens sein. Du hast so viel erreicht. So viel durchgemacht. Ich bin so stolz auf dich, aber das Wichtigste ist, dass du es bist. Verliere diesen Stolz niemals. Es macht dich noch hübscher, als du eh schon bist." Ich küsste ihn für diese tolle Antwort.

Ich seufzte und schaute auf das Meer vor uns. Ich spürte den Sand, in dem wir saßen. Ich hörte die

Möwen über unsere Köpfe kreisen. Ich roch das Salzwasser und schmeckte noch seine Lippen auf meinen. Ich wusste, dass dieser Moment der beste meines Lebens war. Mittlerweile waren schon die ersten Schulferien, und wir waren mit meiner Schwester und seiner Mutter nach Spanien geflogen. In der Schule war ich Klassenbeste, und es gefiel mir sehr gut dort. Meine Schwester und ich gingen jetzt auch einmal in der Woche zur Therapie. Ich wusste, dass mein Leben jetzt nur noch besser werden würde.

Ich wusste, dass ich, wenn ich wollte, alle meine Ziele erreichen konnte. Ich wusste, dass ich das Potenzial in mir hatte. „Ich liebe dich so sehr", sagte ich zu ihm. Er lächelte und sagte: „Ich liebe dich noch mehr." Wir küssten uns auf den Mund, und es war der schönste Kuss, den ich jemals hatte. „Was willst du eigentlich später mal machen?", fragte ich Ryan. Er schaute in die Ferne und sagte: „Ich weiß es noch nicht genau, aber ich glaube, ich möchte Psychiater oder so etwas in der Art werden. Und du?" Ich antwortete ihm: „Ich möchte etwas mit Kindern arbeiten. Ich möchte sehen, wie sie ihr Potenzial nutzen, um Großes zu erreichen." Ryan lächelte und sagte: „Das ist sehr schön. Ich wollte mich übrigens noch bei dir bedanken."

Ich runzelte verwirrt die Stirn und fragte: „Wofür wolltest du dich bei mir bedanken? Ich habe nie etwas gemacht, wofür du dich bei mir bedanken musst." Er lachte belustigt auf und sagte: „Oh doch, ich müsste mich jeden Tag bei dir bedanken. Allein dafür, dass du mich anschaust, müsste ich mich schon bei dir bedanken. Aber ich wollte mich dafür bedanken, dass du mich liebst. Du hast mir alles gegeben, was du hattest. Du hast mir deine Liebe geschenkt, dein Herz. Ich liebe dich so sehr. Ich kann es nicht einmal in Worte fassen. Du bist das Beste, was mir je passiert ist. Danke schön. Danke schön, dafür, dass du mich so sehr liebst."